Impression : Imprimerie des Deux-Ponts à Bresson
ISBN 2-906-728-29-2

TOULOUSE

Photographies : Stéphane Valembois

Préface et légendes : Lucien Remplon
Président de l'association des Toulousains de Toulouse

Traduction : Kathleen Lewis

LES POINTS CARDINAUX
éditions d'art

Toulouse is a singular city...

First of all, it looks different from other French cities except, of course, for its younger cousins in the south-west such as Montauban or Albi. Its brick walls flaming in the "golden" sunshine compose a symphony reminiscent of certain ancient towns in Italy. In that sense, Toulouse is sometimes referred to as the "French Florence".

Toulouse is singular in terms of its long, uninterrupted history as well. When Lutèce was still nothing but a poor lakeside village, Old Toulouse was already firmly established on the hills overlooking the Garonne, before it spread out along the bank of that turbulent river. Later, the Romans brought opulence, making it a prosperous Gallo-Roman city, within high walls. Very early, the people of Toulouse showed a keen interest in the arts and an attachment, unchanged over the centuries, to Liberty, and liberties. The poet Ausone, from Bordeaux, described Toulouse as "Palladian", a follower of the Greek goddess Pallas Athena, patron of the arts, culture and beauty.

It was therefore no surprise, in those conditions, that a civilisation grew up harmoniously around the city, in sharp contrast to the roughness of the first millennium of our era. In Toulouse, it was a time of troubadours, of "courts of love"... It was also a time when the people of Toulouse acquired communal rights from their Count, making the city one of the first democracies in Europe. The "Capitouls", or town magistrates, were elected representatives.

This civilisation, characterised by balance and moderation, was sufficiently influential to withstand several invasions, to tame the Wisigoth barbarians who were soon conquered, and to dash the Arabs' dreams of dominating Gaul by stopping their invading armies at the foot of the city walls in 721.

Toulouse also partook substantially in the fantastic mystical fervour of the famous "Year One Thousand". Pope Urban II came in 1096 to consecrate the basilica built in the burial place of the town's first martyr bishop. The Count of Toulouse, Raimon IV, an emblematic figure of the First Crusade, declined the title of Christian King of Jerusalem. And it was on the banks of the Jordan River that Alphonse, his heir, was born.

Toulouse est une ville singulière...

Par son aspect, d'abord, qui la distingue des autres cités françaises, sauf, bien sûr, de ses petites cousines du Sud-Ouest, telles Montauban ou Albi.
Ses murs de briques flamboyantes sous un soleil que l'on dit « d'or », composent une symphonie qui l'apparente à certaines des vieilles villes italiennes. C'est en ce sens que l'on a pu dire de Toulouse qu'elle était la « Florence française ».

Par l'ancienneté et la continuité de son histoire, aussi. Lutèce n'était encore qu'une misérable cité lacustre que la Vieille Toulouse campait solidement sur les collines dominant la Garonne avant de s'étaler au bord du fleuve turbulent. Plus tard, les Romains lui apportèrent une opulence qui en fit une ville gallo-romaine prospère enfermée dans de hauts remparts. Très tôt, les Toulousains manifestèrent un goût prononcé pour les arts et un attachement qui ne s'est jamais démenti, au cours des siècles, pour la Liberté, pour les libertés. Le poète Ausone, qui était Bordelais, lui décerna le qualificatif de « palladienne », c'est à dire d'adepte du culte de la déesse athénienne Pallas, protectrice des arts, de la culture et du beau.

Nul ne s'étonnera que, dans ces conditions, se soit développée harmonieusement, autour de cette ville, une civilisation tranchant avec la rudesse du premier millénaire de notre ère. C'était, ici, le temps des troubadours, des cours d'amour... C'était aussi le temps où les Toulousains obtenaient, de leur comte, des libertés communales qui firent de la ville une des premières démocraties d'Europe, les Capitouls qui l'administraient étant des élus.

Cette civilisation, toute d'équilibre et de mesure fut assez rayonnante pour résister à quelques invasions, pour domestiquer les sauvages Wisigoths bientôt dominés par leur conquête, pour anéantir les rêves hégémoniques des Arabes en Gaule en arrêtant l'invasion de leurs armées, sous les murs de la ville en 721.

Elle sut également prendre une part prépondérante au merveilleux élan mystique qui accompagna le fameux « an mille ». C'est le pape Urbain II qui vint consacrer, en 1096, la basilique construite sur le lieu de sépulture du premier évêque martyr de la ville. C'est le comte de Toulouse, Raimon, quatrième du nom, qui, figure emblématique de la Première Croisade, déclina le titre de roi chrétien de Jérusalem. C'est sur les bords du Jourdain que naquit Alphonse, son héritier.

Nothing could truly wipe out this civilisation, not even the horrible tragedy in which a religious quarrel was used as a pretext to subjugate the land.

After that ordeal, seven troubadours met up in a field to award a prize for poetry. This was on the 3rd of May 1324, the start of the Floral Games... which are still held to this very day.

Later, Toulouse became the "land of milk and honey" in the Golden Age of pastel, which brought it wealth we can barely imagine. It was then that some of the most magnificent private "Renaissance" buildings in France were built in Toulouse. And that wealth made the largest Parliament in the provinces shine even brighter.

That is another feature of the city: it was and has remained a city of the Law, a judicial city. From Cujas, the first notable Law school professor whose reputation lives on, to the Parliamentary Lords, the Law has always been revered in Toulouse.

Over a period of well over twenty centuries, Toulouse's rich history unfolded, with no real interruption, until the 20th century when the city transformed itself into a citadel of aviation. Toulouse cast its head into the stars and, as everyone knows, has become one of world's top two aerospace centres.

The city's layout mirrors its tormented history. Left over from the Middle Ages, apart from a long row of walls, there is a tangle of narrow streets, still bearing the mark of the old "cadastre" in the narrow façades, with half-timbered houses, the "sisters" of those destroyed by the "great fire" of 1463.

The splendour of the pastel age brought the luxury of prestigious mansions, a sight to behold. The 19th century town councillors did sufficient urban planning to allay the asphyxiation of the periods to come. They were reproached for the destruction that took place; like Haussmann, they were accused of "vandalism". So be it. Those inclined to nostalgia may complain, but the pragmatic citizen would tend to approve...

Nowadays, Toulouse, both beneficiary and "victim" of the attraction of its sunny clime and "Mediterranean-ness", is faced with a largely positive "immigration balance", as the statisticians say. No totally effective solution to the problems this raises or way of wiping out the ensuing difficulties has been found... No one has come up with the "magic potion"!

Rien ne put vraiment anéantir cette civilisation, même pas l'affreuse tragédie qui prit prétexte d'une querelle de religion pour asservir le pays.

Au sortir de cette épreuve, dans un pré, sept troubadours se réunirent pour décerner un prix de poésie. C'était le 3 mai 1324 ; les Jeux Floraux étaient nés... Ils durent encore !

Plus tard, on sait que Toulouse devint le « pays de cocagne », à l'époque de l'âge d'or du pastel qui lui donna une opulence que nous avons peine à imaginer. Alors, Toulouse vit se construire parmi les plus beaux édifices « renaissance » privés du pays. Cette richesse put renforcer l'éclat du plus grand Parlement de province.

Car, c'est une autre caractéristique de la ville : elle fut et elle est restée, une cité du Droit, une cité judiciaire. De Cujas, premier notable enseignant d'une école de Droit qui a su préserver son aura, aux seigneurs du Parlement, on a toujours révéré le Droit à Toulouse.

Autrement dit, Toulouse a déroulé, sur bien plus de vingt siècles, une riche histoire qui n'a, à vrai dire, pas connu de pause véritable avant que de se transformer, au cours du XXème siècle, en une citadelle de l'aviation.
Elle a projeté sa tête dans les étoiles au point, tout le monde en est bien conscient, qu'elle est devenue l'un des deux pôles mondiaux de l'air et de l'espace.

La ville, dans son ordonnancement, est le miroir de cette histoire tourmentée. Du Moyen-Âge, elle a conservé, outre une longue enfilade de murailles, l'enchevêtrement de rues étroites, où demeure encore l'empreinte du vieux cadastre imposant des façades restreintes, avec ses maisons à colombages, soeurs de celles que détruisit le « grand incendie » de 1463.

La splendeur de l'âge du pastel lui a procuré le luxe de prestigieux hôtels qui font notre émerveillement. Les édiles du XIXème ont su lui procurer un urbanisme suffisant pour tempérer l'asphyxie des temps à venir. On leur a reproché les destructions alors opérées ; comme Haussmann, ils ont été taxés de « vandalisme ». Certes ! Le nostalgique s'en désole mais le citoyen pragmatique approuve...

A l'heure actuelle, Toulouse, bénéficiaire et « victime » de ce tropisme du soleil et de sa « méditerranéité » doit faire face à un « solde migratoire » comme disent les statisticiens, largement positif. La solution d'une totale efficacité pour dominer les problèmes soulevés et gommer les difficultés engendrées n'a certes pas été trouvée... Nul n'a la « potion magique » !

But Toulouse is a paradoxical city as well...

The glamour of a nice, polite, culturally blooming civilisation clashes with the anti-authority temperament of the Toulouse native, who is said to "have a short fuse".

In our history, there have been countless times when fits of temper have compromised the equilibrium of our institutions. The people of Toulouse, as stated, love their liberties, and are very particular about them!

They're also found of a "good fight" (to cite the singer Claude Nougaro, who knew what he was talking about!). In the past, they were known to indulge quite freely in a stone-throwing game called "la campe" which could be deadly.

Toulouse has been and superbly remains one of the privileged bastions of rugby, that virile sport "for hoodlums played by gentlemen".

The city loves to party and the Mediterranean influences that have diversified the population have further emphasised that trait. Not so long ago, Toulouse used to sing and sing well; its love for "bel canto" was known and recognised.

Kind-hearted and bad-tempered, shrewd ("Florentine", as some say, fascinated by similarities with that large Italian city...) and impulsive, festive in spirit, yet rooted in the simple pleasures of home, classic and "romantic", diverse in their aspirations but united in the defence of their basic rights, the people of Toulouse are the reflection of their city, singular and paradoxical... in some ways, unique and that is no doubt what is so delightful about both of them, the city and its people...

And that's the main thing...

Lucien REMPLON

Mais Toulouse est aussi une ville paradoxale...

L'éclat d'une civilisation polie, policée, aimable, culturellement épanouie, se heurte au tempérament frondeur du Toulousain dont on peut dire que, sujet à bien des emballements, il a « la tête près du bonnet ».

On ne compte plus, dans notre histoire, ces mouvements d'humeur qui ont trop souvent compromis l'équilibre de nos institutions. Le Toulousain, nous l'avons dit, aime ses libertés ; il est sourcilleux, sur ce point !

Il aime aussi « la castagne » (Claude Nougaro dixit et il savait de quoi il parlait !) Autrefois il se consacrait, sans grande limite, à un jeu qui pouvait être meurtrier, qu'on appelait « la campe ».

Il a été et reste superbement un des bastions privilégiés du rugby, ce sport viril « de voyous joué par des gentlemen ».

Il aime la fête et les influences méditerranéennes qui ont diversifié sa population n'ont fait qu'accentuer ce trait. Il n'y a pas si longtemps, il chantait et chantait bien ; son amour du bel canto était connu et reconnu.

Bon coeur et mauvais caractère, malin (« florentin » disent certains, fascinés par les similitudes avec la grande cité italienne...) et primesautier, l'esprit festif et, pourtant, enraciné dans les joies simples du foyer, classique et « romantique », divers dans ses aspirations, mais unis dans la défense de ses droits essentiels, les Toulousains sont, à l'image de leur ville, singuliers et paradoxaux... d'une certaine façon, uniques et c'est, sans doute, ce qui fait le charme de l'une et des autres...

C'est bien l'essentiel...

Lucien REMPLON

CAPITOLIUM

La monumentale façade de l'Hôtel de Ville toulousain, le Capitole, s'élève sur le côté Est de la place à laquelle il a donné son nom. Elle a été édifiée par Guillaume Cammas au milieu du XVIIIème siècle. L'appellation Capitolium qui figure au frontispice est le fruit d'une étrange substitution : à l'appellation primitive qui désignait le lieu où se réunissaient les consuls, « capitulum » (chapitre), se substitua, par révérence à la romanité, le « capitolium ». En réalité, le Capitole de la cité gallo-romaine n'était pas à cet endroit.

The monumental façade of Toulouse's Town Hall, the "Capitole", rises up on the eastern side of the square which bears its name. It was built by Guillaume Cammas in the mid-18th century.
The term "Capitolium" which appears on the frontispiece resulted from the curious replacement of the primitive name for the place where the consuls met ("capitulum" or chapter) by "capitolium" out of reverence to Roman civilisation. In fact, the "Capitole" of the Gallo-Roman city was located elsewhere.

Les plafonds des Arcades sont décorés de fresques de Raymond Moretti représentant, dans le style flamboyant du peintre, les grands moments de l'histoire de Toulouse et ses personnages emblématiques. On peut voir au premier plan, le panneau célébrant la mémoire de Carlos Gardel qui sut donner les lettres de noblesse au tango argentin et qui naquit à Toulouse, le 11 décembre 1890.

The ceilings of the Arcades are decorated with frescos by Raymond Moretti representing, in the painter's flamboyant style, the highlights of Toulouse's history and its emblematic figures. In the foreground is a panel celebrating the memory of Carlos Gardel who won acclaim for the Argentinean tango and was born in Toulouse on December 11th 1890.

Les terrasses sont des lieux de flânerie en harmonie avec le décor grandiose de la place.
The terraces are a place to relax in harmony with the grandiose décor of the square.

Les Arcades du Capitole ferment le côté Ouest de la place. Ces immeubles ont été édifiés au milieu du XIXème siècle. De style néo-classique, leurs majestueuses façades de briques constituent un pendant prestigieux de l'Hôtel de Ville.

The Arcades of the Capitole close off the western side of the square. The buildings were constructed in the mid-19th century. The style is neoclassical and the majestic brick façades add a prestigious matching piece to the Town Hall.

Dans l'angle Sud-Ouest de la place du Capitole, est installé un des hôtels les plus confortables de la ville.
On the southwest corner of the Place du Capitole is one of the city's most comfortable hotels.

La cour de l'Hôtel de Ville fut édifiée au milieu du XVIème siècle par le grand architecte toulousain Nicolas Bachelier. Le mur oriental est percé d'une porte monumentale qui, à l'origine, donnait accès au Grand Consistoire. Au sommet, la statue d'Henri IV ; à ses pieds, l'inscription latine signifie : « Vivant, le peuple l'aima / Il le pleura quand il fut enlevé / La postérité ne cessera de l'aimer d'un amour pieux ». Le linteau de la porte propose une dédicace latine qui peut se traduire ainsi : « Ici, Thémis donne des lois aux citoyens / Apollon, des fleurs aux poètes / Minerve, des palmes aux artistes ».

The Town Hall courtyard was built in the mid-16th century by the renowned Toulouse architect Nicolas Bachelier. The eastern wall contains a monumental door which originally opened up to the Grand Consistoire. At the top, a statue of Henri IV; at his feet, the Latin inscription meaning: "The people loved him when he was alive / They wept for him when he left / He will continue to be loved piously by posterity". The lintel of the door bears another inscription in Latin which can be translated as: "Here, Themis gives laws to the citizens / Apollo gives flowers to poets / Minerva gives palms to artists".

Le Donjon du Capitole est le seul monument qui subsiste de ce que l'on appelait « l'enclos du Capitole » qui rassemblait des constructions diverses participant à la gestion de la ville. C'etait la Tour des Archives qui abritait, en son rez-de-chaussée,le Petit Consistoire. Au XIXème siècle, Viollet le Duc eut l'idée saugrenue de coiffer cet édifice d'une toiture néo-gothique, bien dans le style du temps, qui le fait ressembler à un beffroi nordique.

The Donjon du Capitole is the only remaining monument of the so-called "enclos du Capitole" which included various town management buildings. The ground floor of the Tour des Archives used to house the Petit Consistoire. In the 19th century, Viollet le Duc had the strange idea of topping off the building with a Neo-Gothic roof, which was the style at that time, but gives it the look of a Nordic belfry.

Le Donjon abrite actuellement l'Office Municipal de Tourisme.
The Donjon presently houses the town's Tourist Information Centre.

La place Roger Salengro, à deux pas du Capitole, que les vieux Toulousains continuent à appeler place Saint-Pantaléon, offre l'ordonnancement de quelques belles façades de briques.
Place Roger Salengro, a short distance from the Capitole, still referred to by older Toulouse inhabitants as Place Saint-Pantaléon, offers an array of attractive brick façades.

Au centre de cette place, on peut admirer une belle fontaine monumentale édifiée en 1889.
The middle of the square is adorned by a monumental fountain built in 1889.

La rue d'Alsace-Lorraine a été percée dans le cadre des grandes opérations d'urbanisme du dernier quart du XIXème siècle. Elle constitue l'axe Nord-Sud du cœur de la ville et concentre une part prépondérante de l'activité commerciale de la cité.

Rue d'Alsace-Lorraine was built during the major urban development operations carried out in the last quarter of the 19th century. It is the main street running North to South through the heart of the city, where a major portion of the city's business is concentrated.

Des immeubles « haussmaniens » bordent cette rue d'Alsace-Lorraine. En voici une belle enfilade.
Rue d'Alsace-Lorraine is bordered by Haussman-style buildings. Here is a beautiful row of them.

Au numéro 7 de la rue du May, se dresse le petit hôtel que fit construire, à la fin du XVIème siècle, Antoine Dumai (ou Dumay), régent de la Faculté de Médecine, médecin de Marguerite de Navarre. La façade orientale, la tour scaligère et son échauguette, que l'on voit sur le cliché ci-contre, sont son œuvre.
L'Hôtel Dumay connut, au cours des siècles, les vicissitudes habituelles de ces grandes demeures. Acquis, au XVIIIème siècle par François Belmont, avocat au Parlement, et profondément transformé par lui dans le goût du temps, il devint, en 1914, la propriété du docteur Durand qui réussit, tant bien que mal, à entretenir cette vieille bâtisse. En 1947, le docteur et son épouse, sans héritier, léguèrent l'hôtel à l'association des Toulousains de Toulouse.
Cette association avait été créée en décembre 1904 pour préserver les particularismes culturels du pays toulousain, sauvegarder notre patrimoine, exalter notre histoire. Elle avait prospéré, mais riche de plusieurs centaines d'adhérents, elle cherchait un toit pour abriter les déjà volumineuses archives que ses membres avaient réunies et pour exposer aussi les œuvres collectées qui, toutes, racontaient, à leur façon, un moment de l'histoire de Toulouse.
L'Hôtel Dumay permit à la société d'assurer un développement dont elle peut, légitimement, s'enorgueillir.
Forte, à l'heure actuelle, de quelque 1 500 adhérents fidèles auxquels elle sert un bulletin mensuel *L'Auta* (Le vent d'autan) qui paraît, sans interruption depuis 1906 et qui suscite un intérêt jamais démenti, elle a pu installer, dans ses locaux vétustes, un musée, le **Musée du Vieux Toulouse** qui raconte le passé de cette ville.
Ce musée a été jugé digne de recevoir le label de « Musée de France ». En même temps, avec l'aide des collectivités locales, au premier rang desquelles doit être citée la Ville de Toulouse, bénéficiant aussi de quelques mécénats, l'association s'attache à obtenir de la Conservation des Monuments Historiques la réalisation de campagnes de restauration rendues nécessaires par le grand âge de l'immeuble.

At Number 7, rue du May, there is a small mansion that was built at the end of the 16th century for Antoine Dumai (or Dumay), Head of the Faculty of Medicine and Marguerite de Navarre's physician. The eastern façade, the Scaliger-style tower and its bartizan, seen in the picture opposite, are his work.
Over the centuries, the Hôtel Dumay mansion has experienced the usual vicissitudes that befall stately homes. Acquired in the 18th century by François Belmont, a Parliamentary lawyer, and substantially transformed by him according to the tastes of the time, it was then purchased in 1914 by Dr. Durand who managed to maintain the old building after a fashion. In 1947, the doctor and his wife, having no heirs, left the mansion to the "Toulousains de Toulouse" citizens' association.
This association was created in December 1904 to preserve the cultural particularities of the Toulouse region, to safeguard our heritage and exalt our history. It prospered, and with several hundreds of members, was looking for a place in which to house the already large volume of archives gathered by the members and to exhibit the works collected, all of which, in their own way, tell the story of a period of Toulouse's history.
The Hôtel Dumay allowed the association to develop in a way in which it can legitimately take pride. With the backing of its present 1500 loyal members, who receive a monthly newsletter called L'Auta ("The wind of days gone by") which has been published without interruption since 1906 and never ceased to interest its readers, it has set up a museum in its time-worn premises, the ***Musée du Vieux Toulouse*** *which tells the story of the city's past.*
This museum has been granted the status of "Musée de France". At the same time, with the help of the local authorities, the first on the list being the Municipality of Toulouse, and some patronage, the association is appealing to the"Conservation des Monuments Historiques" organisation for the restoration work made necessary by the building's old age.

Antoine Dumay II, capitoul et conseiller au Parlement, continua l'œuvre de son père et fit édifier les façades du nord et de l'ouest sur une galerie très italianisante.
Antoine Dumay II, "Capitoul" (town magistrate), and Parliamentary adviser, continued his father's work and had the northern and western façades built on an Italian-style gallery.

L'église dédiée à Saint-Jérôme fut édifiée au début du XVIIème siècle. Elle était, à l'origine, la chapelle de l'une des confréries de pénitents de Toulouse, la plus « aristocratique » : les Pénitents Bleus. Le plan de l'église est d'une grande originalité ; après des modifications successives, elle se présente comme une « nef ronde ». En octobre 1632, c'est dans cette église que le roi Louis XIII et la reine consacrèrent la France à la Vierge dans l'espérance de la naissance d'un héritier (voir le tableau d'Ingres à la cathédrale de Montauban).

The church dedicated to Saint-Jérôme was built in the early 17th century. It was originally the chapel of one of the Toulouse Penitent brotherhoods, the most "aristocratic" group: the "Pénitents Bleus". The church layout is highly original: following a series of modifications, it is now a "round nave". In October 1632, it was in this church that King Louis XIII and the Queen consecrated France to the Virgin, hoping for the birth of an heir (see the painting by Ingres in the Montauban cathedral).

Portail d'entrée de l'église Saint-Jérôme.
Entrance to the Saint-Jérôme church.

L'Hôtel de Pierre Comère qui fut capitoul, s'élève au numéro 3 de la rue Saint-Rome qui reprenait le tracé du « cardo maximus » de la cité gallo-romaine (Nord-Sud). L'Hôtel fait l'angle de la rue Tripière. Edifié au début du XVIIème siècle, il présente une façade relativement austère illuminée par des croisées aux meneaux finement sculptés.

The mansion built for Pierre Comère, a "Capitoul" is found at number 3, rue Saint-Romain, the street which replaced the "cardo maximus" of the Gallo-Roman city (running north to south). The mansion is at the corner of rue Tripière. Built at the beginning of the 17th century, it has a relatively austere façade illuminated by casement windows with finely sculptured mullions.

De l'hôtel bâti au début du XVIème siècle par Pierre de Serta, capitoul, lui aussi, il ne subsiste plus que l'orgueilleuse tour qui domine les « quatre coins des Changes ».
All that remains of the mansion built at the beginning of the 16th century by Pierre de Serta, another "Capitoul", is the imposing tower which dominates the "quatre coins des Changes" intersection.

L'insigne basilique Saint-Sernin est le plus vaste édifice religieux de style roman subsistant au monde.
Seule, l'église Saint-Martial de Limoges pouvait rivaliser mais il n'en reste qu'une crypte...
Edifiée sur les lieux de la sépulture du premier évêque et martyr de la ville, Saint-Saturnin, la basilique, quoique non terminée, fut consacrée par le pape Urbain II en mai 1096.
Elle était une étape importante sur l'un des chemins du pèlerinage de Saint-Jacques de Compostelle. A ce titre, elle se trouve classée par l'U.N.E.S.C.O. au patrimoine mondial de l'Humanité.

The remarkable Saint-Sernin Basilica is largest remaining Roman-style religious edifice in the world.
Only the Saint-Martial church in Limoges could compare with it, but all that is left of that church is a crypt...
Built on the burial place of the city's first bishop and martyr, Saint-Saturnin, the Basilica, although unfinished, was consecrated by Pope Urban II in May 1096.
It was a major stop along one of the Saint-Jacques de Compostelle pilgrimage routes and, as such, has now been classified as World Heritage by UNESCO.

Le portail d'entrée de la basilique.
Entrance to the Basilica.

Le flanc Nord de la Basilique, très représentatif de l'art roman.
Northern flank of the Basilica, highly representative of Roman art.

La porte Miègeville, porte latérale ouverte sur le flanc Sud, attend sa restauration.
The Miègeville door, a side door opening on the southern flank, is waiting to be restored.

A l'ombre de la basilique Saint-Sernin, s'est installé, à la fin du XIXème siècle, le Musée Saint-Raymond, musée des Antiques de Toulouse et de sa région sur l'emplacement d'un ancien hospice qui recueillait tous les « éclopés » du pèlerinage. Le chanoine de la basilique, Raymond Gayrard en fut le premier directeur. Plus tard, un collège succéda à l'hôpital dans des bâtiments reconstruits au XVIème siècle et restaurés par Viollet le Duc.
Le lieu est bucolique à souhait.

Close beside the Saint-Sernin Basilica, the Saint-Raymond museum, a museum of Antiques of Toulouse and its region, was erected at the end of the 19th century on the site of an ancient hospice that used to receive all the "lame" people on the pilgrimage. The Basilica's canon, Raymond Gayrard was the first director. Later, a school replaced the hospital in the buildings which were reconstructed in the 16th century and restored by Viollet le Duc.
The spot is charmingly bucolic.

Le très riche Musée Saint-Raymond est maintenant installé dans des locaux qui ont fait l'objet d'une totale rénovation et qui sont parfaitement adaptés à leurs fonctions.
The very rich Musée Saint-Raymond is now installed in premises that have been totally renovated and are fully functional.

La très riche Bibliothèque Municipale occupe, rue de Périgord, des bâtiments construits dans les années 1930 sur l'emplacement des anciens couvents de la Visitation (qui servit de prison sous la Terreur) et du Carmel.
Elle est devenue bibliothèque d'étude et de patrimoine.
The very rich Municipal Library, in rue Périgord, occupies buildings that were constructed in the 1930s on the site of the former Visitation convent (used as a prison during the Reign of Terror) and the Carmel convent.
It has become the research and heritage library.

Jouxtant le couvent de la Visitation, le Carmel occupait des bâtiments qui avaient été construits au début du XVIIème siècle. Il ne subsiste, aujourd'hui, que la chapelle ou, plutôt, l'église destinée au public. Les murs en sont somptueusement décorés par de vastes compositions du peintre toulousain Jean-Baptiste Despax représentant, en seize allégories, les vertus théologales mêlées aux vertus monastiques.
Adjoining the Visitation convent, the Carmel convent was in buildings constructed at the beginning of the 17th century. All that remains today is the chapel, or church open to the public. The walls are magnificently decorated with immense compositions by the Toulouse painter Jean-Baptiste Despax representing theological virtues mixed with monastic virtues in sixteen allegories.

L'Hôtel de Bernuy abrite maintenant le lycée le plus ancien de Toulouse qui a pris le nom de Pierre de Fermat. Jean de Bernuy, un des plus célèbres et des plus riches marchands pasteliers, fit bâtir ce somptueux hôtel dans les premières années du XVIème siècle. La porte donnant sur la rue Gambetta offre un flamboyant mélange de gothique et d'exubérants motifs « renaissance ».
The Hôtel Bernuy now houses the oldest secondary school in Toulouse, named after Pierre de Fermat. Jean de Bernuy, one of the best known and wealthiest pastel merchants, had this sumptuous mansion built in the early 16th century. The door that opens into rue Gambetta offers a flamboyant mixture of Gothic art and exuberant "renaissance" motifs.

Dans la première cour, s'ouvre, face à l'entrée, la « salle des actes » du Lycée, pièce de prestige de l'établissement.
In the first courtyard, facing the entrance, is the secondary school's "Salle des Actes", one of the establishment's most prestigious rooms.

La décoration de la première cour intérieure, est « incontestablement un des plus beaux joyaux de la Renaissance toulousaine ». La ressemblance avec certains patios espagnols s'impose. Elle fut sans doute inspirée par le maître des lieux d'origine ibérique; elle est l'œuvre d'un « maçonnier » toulousain, Loys Privat.
The decoration of the first inner courtyard is "unquestionably one of the finest jewels of the Toulouse Renaissance". The resemblance to certain Spanish patios clearly appears. It was no doubt inspired by the master of the premises, who was of Iberian origin. It is the work of a Toulouse "mason", Loys Privat.

La page précédente montrait la façade méridionale de la cour intérieure de l'Hôtel de Bernuy, celle qui fait l'envers du mur de cloture donnant sur la rue. Voici la partie orientale de cette cour avec sa très riche et très élégante décoration.
The previous page showed the southern façade of the inner courtyard of the Bernuy mansion, the one that forms the back of the outer wall facing the street. Here is the eastern section of the courtyard with its very rich, very elegant decoration.

Dès 1214, les compagnons de Dominique de Guzman s'étaient assemblés à Toulouse. En 1230, Foulques, l'évêque de Toulouse, posa la première pierre de l'église conventuelle des Frères Prêcheurs que l'on appela, très vite, les Jacobins. La double nef qui fait notre admiration ne fut terminée qu'à la fin du XIVème siècle. Avec ses sept colonnes, ses voûtes sur croisées d'ogives qui culminent à 28 mètres de hauteur, son célèbre pilier du cœur et son « palmier » d'ogives immortalisé par Salvador Dali, ses hautes fenêtres à doubles meneaux (10 mètres de haut), cette église est d'une admirable originalité. Longtemps occupée (et défigurée...) comme caserne, elle fait l'objet d'une très longue, patiente et superbe restauration.

As of 1214, the companions of Dominique de Guzman had got together in Toulouse. In 1230, Foulques, the bishop of Toulouse, laid the first stone of the monastic church of the Frères Prêcheurs, very quickly named the Jacobins.
The much-admired double nave was only completed at the end of the 14th century. With its seven columns, its ribbed vaults culminating at a height of 28 meters, its famous central pillar, its ribbed "palm tree" immortalised by Salvador Dali and its tall, double-mullion windows (10 meters high), this church is remarkably original. Used for a long time as a barracks (and disfigured as such), it is now undergoing very long, patient and superb restoration work.

Le cloître du couvent des Frères Prêcheurs (dit des Jacobins) est de grandes dimensions. Il avait été construit, en plusieurs tranches, au début du XIVème siècle. Ruiné, à la suite de l'occupation des lieux par l'Armée depuis la Révolution, il n'en subsistait que deux côtés. En « recollant les morceaux » épars, patiemment, il a été restauré dans sa splendeur. C'est en ce lieu, que fut solennisée, en 1271, la prise de possession par le roi de France du comté de Toulouse.

The cloister of the Frères Prêcheurs (Jacobins) monastery is large. It was built in several sections in the early 14th century. Ruined as a result of the occupation of the premises by the Army since the Revolution, only two sides remained. However the scattered pieces were patiently "stuck together again" and its splendour was restored. It was here that in 1271, the takeover of the County of Toulouse by the King of France was solemnised.

Le clocher de l'église des Jacobins pourrait paraître le frère jumeau de celui de la basilique Saint-Sernin, s'il était surmonté d'une flèche. Cette flèche qui portait sa hauteur à 58 mètres, fut abattue, en 1562, lors de l'émeute qui permit aux Huguenots, maîtres de l'Hôtel de Ville, de tirer au canon. Reconstruite, elle fut, à nouveau abattue par les révolutionnaires en 1795.

The steeple of the Jacobin church could look like the twin brother of the steeple of the Saint-Sernin basilica, if it had an arrow on top. That arrow, which brought it up to a height of 58 meters, was knocked down during the riots of 1562 when the Huguenots took over the Town Hall and fired the canon. It was rebuilt and then knocked down again by the revolutionaries in 1795.

Les Etats du Languedoc confièrent à Joseph-Marie de Saget le soin de concevoir l'architecture des façades d'immeubles devant être édifiés sur le quai de la rive droite de la Garonne entre le Bazacle et le Port de la Daurade. Ainsi naquit un magnifique ensemble de 780 mètres de long dont la Révolution interrompit le développement.
Les photographies figurant sur cette page et les suivantes en proposent quelques aspects attrayants.
The Languedoc States assigned Joseph-Marie de Saget the mission of designing the architecture of the façades of buildings to be built along the right bank of the Garonne between the Bazacle and the Port de la Daurade. This resulted in a magnificent set of buildings 780 meters long, the development of which was interrupted by the Revolution.
The photographs on this page and the following ones offer some appealing views.

ATELIER DE PIERRE

5

6

La chaussée du Bazacle a été édifiée sur l'emplacement d'un gué antique qui permettait de traverser la Garonne en période de basses eaux. Elle a domestiqué la force motrice du fleuve qui a alimenté, dès la fin du XIème siècle, des moulins célèbres qui firent l'admiration de Rabelais. A ces moulins, succéda une usine hydro-électrique.
The Bazacle embankment was built on the site of an ancient ford that was used to cross the Garonne river when the water level was low. It tamed the driving force of the river which, as of the end of the 11th century, powered the famous windmills admired by Rabelais. The windmills were replaced by a hydro-electric power plant.

L'usine électrique a cessé, à son tour, de fonctionner. Dans ces locaux, E.D.F. a installé des salles utilisées pour des expositions et manifestations culturelles diverses.
The power plant later ceased to operate as well. EDF has since then set up rooms in the premises for exhibitions and various cultural events.

Dans les bâtiments de l'ancienne usine, E.D.F. a conservé et expose les machines utilisées autrefois pour fabriquer l'énergie électrique.
In the buildings of the former power plant, EDF has kept and put on display the machines used in the past to generate electrical power.

Le cardinal Loménie de Brienne, archevêque de Toulouse, fut le « moteur » du creusement du canal qui porte son nom et qui permet de joindre la Garonne (en amont de la chaussée du Bazacle) au Canal du Midi de telle sorte que la navigation soit possible entre les deux. Ce canal fut inauguré en 1776. La photographie figurant sur cette page montre l'écluse qui permet la communication entre le canal et la Garonne.

Cardinal Loménie de Brienne, archbishop of Toulouse, was the "driver" of the construction of the canal which bears his name and which joins the Garonne (upstream of the Bazacle embankment) to the Canal du Midi, allowing navigation between them. The canal was inaugurated in 1776. The photograph which appears on this page shows the locks that provide a passageway between the canal and the Garonne river.

Le Canal de Brienne qui n'est plus utilisé que par la navigation de plaisance, constitue une « trouée verte » au sein de la ville.
The Canal de Brienne, nowadays only used by yachts, forms a "green opening" through the city.

Les abattoirs de la ville occupaient de vastes bâtiments conçus par Urbain Vitry dans la première moitié du XIXème siècle. Désaffectés, ces bâtiments ont été rénovés et abritent, maintenant, un musée consacré à l'art moderne. Les photographies des pages qui suivent présentent quelques-unes des œuvres les plus significatives de ce musée.

The city's slaughterhouses used to occupy immense buildings designed by Urbain Vitry in the first half of the 19th century. The buildings were closed down and renovated and they are now the home of a modern art museum.
The photographs on the pages which follow present some of the most significant works shown in the museum.

F.LEGER

Hospice Saint-Joseph de la Grave. En bordure de la Garonne, et en aval de l'Hôtel Dieu Saint-Jacques, dès le XIIème siècle, exista un hospice qui ne prit son développement qu'au XVIIème siècle par la construction d'harmonieux bâtiments destinés à l'enfermement des pauvres et des déshérités. Dédiée à Saint-Joseph, fut édifiée une église ; commencée en 1758, elle ne fut terminée qu'au XIXème siècle. Elle est couronnée d'un dôme qui est emblématique à Toulouse.
A l'heure actuelle, ces bâtiments, tous classés monuments historiques , pourraient être au moins en partie abandonnés par la direction des hôpitaux de Toulouse.

Hospice Saint-Joseph de la Grave. Alongside the Garonne, downstream of Hôtel Dieu Saint-Jacques, this hospice was built in the 12th century. Its development only began in the 17th century however when harmonious building were constructed for the confinement of the poor and deprived.
A church dedicated to Saint-Joseph was erected; begun in 1758, it was only completed in the 19th century. It is crowned by a dome which is emblematic of Toulouse.
At the present time, at last some of these buildings, all classified historical monuments, could be abandoned by the management of the Toulouse hospitals.

HOSPICE SAINT JOSEPH DE LA GRAVE

La chaussée du Bazacle, au premier plan, et l'Hospice Saint-Joseph de la Grave, au fond, dominé par le dôme de son église forment un des paysages les plus prisés de Toulouse.

The Bazacle embankment, in the foreground, and Hospice Saint-Joseph de la Grave, in the background, dominated by the dome of its church, make up one of the most highly-prized landscapes of Toulouse.

L'Hôtel Dieu est le plus ancien des établissements hospitaliers toulousains. Cédé à la confrérie Saint-Jacques, il servit d'hospice aux pèlerins. Constamment agrandi, surélevé, reconstruit, notamment au début du XVIIIème siècle, l'ensemble est, maintenant, inscrit au patrimoine mondial de l'Humanité.
Depuis les années 1950, ces bâtiments ne reçoivent plus de malades ; ils abritent les services administratifs des Hôpitaux de Toulouse, un musée de la Médecine et certaines salles sont consacrées à l'organisation de manifestations de prestige.

Hôtel Dieu is the oldest of Toulouse's hospitals. Taken over by the Saint-Jacques brotherhood, it was used as a hospice for pilgrims. Continually extended, raised and rebuilt, particularly at the beginning of the 18th century, the site is now classified as World Heritage.
The buildings have not received sick people since the 1950s; they house the administrative services of the Toulouse Hospitals, a Museum of Medicine and some of the rooms are used for the organisation of prestigious events.

La façade de l'Hôtel Dieu Saint-Jacques qui domine la Garonne prend un relief particulier au moment où l'obscurité se fait. On remarque, au premier plan, les restes d'un pont antique qui enjambait le fleuve bien avant la construction, un peu en amont, du Pont-Neuf.

The façade of Hôtel Dieu Saint-Jacques, which dominates the Garonne, has a particular relief when night falls. In the foreground are the remains of an ancient bridge that used to cross the river well before the Pont-Neuf was built a bit further upstream.

Le Pont-Neuf est évidemment le plus ancien pont subsistant à Toulouse. Sa construction fut anormalement longue : elle prit plus d'un siècle : 1543 à 1661 ! Il est le seul des ponts toulousains qui a pu résister à la tragique inondation de 1875. Tous les autres furent détruit ou même emportés.

Pont-Neuf is clearly Toulouse's oldest remaining bridge. It took an abnormally long time to build: more than a century, from 1543 to 1661! It is the only Toulouse bridge that made it through the tragic flood of 1875. All the others were destroyed or even washed away.

Jean DIEUZAIDE
1921 – 2003
PHOTOGRAPHE
Fondateur de la Galerie Municipale
du Château d'Eau
premier lieu consacré
à la photographie en France
1974
cette plaque a été dévoilée le Samedi 18 Décembre 2004 par
Philippe DOUSTE-BLAZY et Jean-Luc MOUDENC
Ministre des Solidarités, de la Santé et de la Famille
Maire de Toulouse

Le Château d'eau de Toulouse fut utilisé pour fournir l'eau courante aux Toulousains pour la première fois de leur histoire. Il fut mis en service dans les années 1820 et servit jusqu'en 1860. C'est une donation du capitoul Laganne qui permit la réalisation de cette première adduction d'eau. Désaffecté, ce Château d'eau fut abandonné jusqu'à ce que le photographe Jean Dieuzaide (Yan) y installe une galerie consacrée à la photographie.
The Toulouse water tower was built to supply running water to the inhabitants of Toulouse for the first time in their history. It went into operation in the 1820s and was in use until 1860. It was a donation by "Capitoul" Laganne that funded the building of the city's first waterworks. The water tower was closed down and abandoned until the photographer Jean Dieuzaide (Yan) set up a photo gallery there.

Sur la rive gauche, à l'endroit où elle infléchit son cours, la Garonne a créé un grand atterrissement. Cet endroit a pris le nom de Prairie des Filtres parce qu'y furent installées les galeries filtrantes qui alimentaient le Château d'eau tout proche.
Ce fut toujours le lieu privilégié des manifestations populaires. Ce fut aussi le premier terrain de rugby de la ville où se disputa, en 1903, une finale de Championnat de France.
C'est devenu un havre de verdure, un lieu de détente et de promenade, un « poumon vert » au sein de la ville.

On the left bank, at a bend in the Garonne river, there is a large amount of sedimentation. The site has been named the "Prairie des Filtres" because of the infiltration galleries installed there to feed the nearby water tower.
It has always been a favourite venue for popular events. It was also the city's first rugby field where, in 1903, one of the finals of the French rugby championship was held.
It has become a haven of greenery, a place for relaxation and walks, a "green lung" so to speak within the city.

Au cœur de la vieille ville, à l'ombre du clocher écroulé de l'église Notre-Dame La Dalbade, voici de vieilles maisons pittoresques, rue Henry de Gorsse.
In the heart of the old city, beside the crumbled steeple of the Notre-Dame La Dalbade church, here are some picturesque old houses in rue Henry de Gorsse.

Détail de l'une des façades des immeubles de la rue Henry de Gorsse.
Details of one of the façades of the buildings in rue Henry de Gorsse.

L'église Notre-Dame La Dalbade (N.D. la Blanche) actuelle ne fut construite que dans les premières années du XVIème siècle. Elle succédait, bien entendu, à des édifices religieux antérieurs. Le portail date de 1537. Sur la frise, au-dessous du tympan, on peut lire, sur une seule ligne : « Chrestien, si mon amour est dans ton cœur gravé, ne diffère pas, en passant, de me dire un ave ».
Le tympan en céramique de Gaston Virebent, installé en 1874, représente le couronnement de la Vierge. L'église avait été pourvue d'un clocher détruit pour partie à la Révolution. Reconstruit, il était le plus haut de Toulouse mais, le 11 avril 1926, il s'écroula, tuant deux personnes et causant au chevet de l'église de très graves dégâts.
The present Notre-Dame La Dalbade (N.D. la Blanche) church was not built until the early 16th century. Naturally, it was preceded by other religious buildings. The door dates from 1537. On the frieze panel, below the tympanum, is a single line that reads: "Christian, if my love is engraved in your heart, as you pass by, do not put off saying a prayer to me".
The ceramic tympanum by Gaston Virebent, installed in 1874, represents the crowning of the Virgin. The church had a steeple that was partially destroyed during the Revolution. Rebuilt, it was the tallest in Toulouse but, on April 11th 1926, it collapsed, killing two people and causing very serious damage to the church apse.

L'Hôtel Saint-Jean, Hôtel des Chevaliers de Saint-Jean de Jérusalem ou Grand Prieuré de Malte développe, sur la rue, une façade d'une élégante simplicité. Elle date de la seconde moitié du XVIIème siècle.
Après avoir été longtemps occupé par l'Ecole de Commerce, cet hôtel, restauré, abrite maintenant les services de la Direction Régionale des Affaires Culturelles de Midi-Pyrénées.
Hôtel Saint-Jean, Hôtel des Chevaliers de Saint-Jean de Jérusalem or the Grand Prieuré de Malte has an elegantly simple façade on the street. It dates from the second half of the 17th century.
After having been occupied for a long time by the School of Commerce, the Hôtel was restored and now houses the offices of the Direction Régionale des Affaires Culturelles de Midi-Pyrénées.

L'Hôtel au numéro 25 de la rue de La Dalbade est connu, à Toulouse, sous le nom d'Hôtel de Pierre parce que sa façade est toute en pierre ce qui est unique dans la capitale de la brique...
The mansion at number 25, rue de La Dalbade is known in Toulouse as the "Hôtel de Pierre" since its façade is made entirely of stone, which is unique in the brick capital...

C'est un conseiller au parlement, Jean de Bagis qui fit construire par Nicolas Bachelier, le premier hôtel dont il ne reste que la cour intérieure (1537) mais c'est un autre magistrat, François de Clary qui, dans les premières années du XVIIème siècle, fit édifier la fastueuse façade sur la rue.

It was a parliamentary adviser, Jean de Bagis, who had Nicolas Bachelier build the first mansion, of which only the inner courtyard remains (1537). It was another magistrate, François de Clary who had the sumptuous façade built on the street side in the early 17th century.

L'Hôtel Molinier, plus connu sous le nom d'Hôtel Felzins ne possède qu'une étroite façade sur la rue. Mais, cette façade présente le plus délicieux portail qu'ait réalisé, à Toulouse, Nicolas Bachelier, en ce XVIème siècle, le « siècle d'or ».
Ce portail qui, des ans, avait subi les outrages, vient d'être heureusement restauré.
The Hôtel Molinier mansion, better known as Hôtel Felzins, has only a narrow façade looking out on the street. However this façade presents the most exquisite doorway ever made in Toulouse by Nicolas Bachelier, in the 16th century, the "Golden Century".
Recently, the doorway, ravaged years ago, was successfully restored.

Détails de la partie haute de la décoration du portail de l'Hôtel Felzins.
Details of the top portion of the decoration of the Felzins mansion doorway.

Le percement, au début du XXème siècle, de la rue Ozenne a causé bien des destructions regrettables mais elle a épargné (en partie) et mis en valeur l'Hôtel Dahus et la Tour de Tournoër qui la domine. Cet ensemble vient d'être très heureusement restauré par le Crédit Agricole, propriétaire des lieux.

The construction of Rue Ozenne early in the 20th century caused much unfortunate destruction but saved (in part) and enhanced Hôtel Dahus and the Tour de Tournoër which overlooks the street. The buildings have recently been very successfully restored by the Crédit Agricole bank, the owner of premises.

La porte d'accès à la Tour de Tournoër est un élégant témoignage de l'art de la Renaissance.
The entranceway to the Tour de Tournoër is elegant evidence of Renaissance art.

Le Jardin Royal forme, avec le Grand Rond et le Jardin des Plantes qui sont mitoyens, une vaste superficie de jardins en pleine ville. Le Jardin Royal fut créé au XVIIIème siècle sur l'emplacement des fortifications moyennâgeuses que l'on démolissait à cet endroit.
Le monument à la gloire du compositeur Déodat de Séverac est l'œuvre du sculpteur Jacques Guénot.
The Jardin Royal, together with the adjacent Grand-Rond and Jardin des Plantes, form an immense garden area in the middle of the city. The Jardin Royal was created in the 18th century on the site of Middle Age fortifications that were demolished there.
The monument in praise of composer Déodat de Séverac is the work of the sculptor Jacques Guénot.

Dans le Jardin Royal, le très beau et très symbolique monument récemment dressé à la gloire d'Antoine de Saint-Exupéry est l'œuvre de Madeleine Tézenas du Moncel.

In the Jardin Royal, the very beautiful and highly symbolic monument recently erected in praise of Antoine de Saint-Exupéry is the work of Madeleine Tézenas du Moncel.

Le Grand-Rond est, en réalité, un ovale, ce qui, dans le pays du rugby, est bien normal... Elément essentiel de l'urbanisation voulue par l'intendant Mondran à la fin du XVIIIème siècle, il fut le lieu de prédilection des promenades de la Belle Epoque autour du kiosque à musique.

The Grand-Rond is, in fact, an oval, which is normal in rugby country... An essential component of the urban development desired by the intendant Mondran at the end of the 18th century, it was a favourite spot for Belle Epoque promenades around the bandstand.

Un beau jet d'eau, au centre du bassin du Grand-Rond a succédé à un groupe monumental qui, autour de Clémence Isaure, voulait célébrer la « gloire de Toulouse ».

An attractive fountain in the centre of the Grand-Rond basin has replaced a monumental group which, built around Clémence Isaure, was designed to celebrate the "glory of Toulouse".

La rue Ninau est une rue « aristocratique » dans le quartier autrefois peuplé de parlementaires. Voici un très beau portail de l'un de ses hôtels.
Rue Ninau is an "aristocratic" street in the quarter inhabited in the past by parliamentarians. Here is a very beautiful doorway of one of the mansions.

La petite place Saintes-Scarbes (on se perd en conjectures sur l'origine de cette appellation...) est un havre de paix, au sein du quartier parlementaire... un « lieu de charme » comme l'assure l'enseigne de ce magasin.
The small Saintes-Scarbes square (one can only guess at the origin of the name...) is a peaceful haven in the parliamentary quarter... a "place of charm" as claimed by the sign in this shop.

A l'ombre de la cathédrale Saint-Etienne, s'ouvre, par ce portail, le palais archiépiscopal de Toulouse qui, à la Révolution, devint « Palais National ».
Il est occupé par la préfecture de la région Midi-Pyrénées et la préfecture de Haute-Garonne.
Close beside the Saint-Etienne cathedral, this is the doorway to the archiepiscopal palace of Toulouse which became the "Palais National" at the time of the Revolution.
It is occupied by the Préfecture of the Midi-Pyrénées region and the Préfecture of the Haute-Garonne.

La cathédrale Saint-Etienne est un monument composite qui n'a jamais été achevé. Un premier édifice roman devait être englobé et laisser la place à une vaste nef gothique ; projet à moitié réalisé !... Il restait à doter la partie romane d'un portail gothique... ce qui fut fait.

The Saint-Etienne cathedral is a composite-style monument that was never completed. A first Roman edifice was supposed to be encompassed by and give way to an immense Gothic nave; a project only half-completed!... The Roman part still needed a Gothic door to be added... and that was done.

L'église métropolitaine Saint-Etienne se présente comme un ensemble de constructions disparates. C'est que, dès le début du XIIIème siècle, le comte de Toulouse, Raimon VI, fit entreprendre une nef d'une grande hardiesse, destinée à remplacer l'église romane édifiée par l'archevêque Izarn. Mais le chevet et le chœur sont les seuls témoignages orgueilleux de cette construction interrompue par les événements tragiques de la Croisade des Albigeois, et jamais reprise.
The Saint-Etienne metropolitan church is a group of ill-assorted constructions. The explanation for this is that at the beginning of the 13th century, Raimon VI, the Count of Toulouse, ordered the building of a very daring nave, designed to replace the Roman church built by Archbishop Izarn. However the apse and the choir are the only proud evidence of that construction, which was interrupted by the tragic events of the Albigeois Crusade, and never resumed.

Vue depuis le Jardin du cardinal Saliège, voici la place Saint-Etienne sur laquelle s'ouvrent la cathédrale et la préfecture. Sur la partie gauche de la photographie, on distingue une fontaine publique avec vasque et obélisque. C'est la plus ancienne de la ville.

A view from Cardinel Saliège's garden, here is Place Saint-Etienne, onto which open the cathedral and the Préfecture. On the left of the photograph is a public fountain with a basin and obelisk. It is the oldest in the city.

Autre vue de la place Saint-Etienne. Au premier plan, à droite, l'obélisque de la fontaine publique.
Another view of Place Saint-Etienne. In the foreground, on the right, the obelisk of the public fountain.

De la rue Riguepels, qui donne accès à la place Saint-Etienne, il ne subsiste qu'un seul côté. L'autre a été démoli en même temps que le fouillis de constructions qui jouxtaient la cathédrale.
Rue Riguepels, leading to Place Saint-Etienne, has only one side remaining. The other side was demolished at the same time as the hotchpotch of buildings next to the cathedral.

Sur l'emplacement de ces constructions démolies, la rue Riguepels a laissé place au Jardin du cardinal Saliège.
On the site of the demolished buildings, Rue Riguepels left a place for Cardinal Saliège's garden.

Autre immeubles de la même rue Riguepels.
Other buildings in the same Rue Riguepels.

Au début du XIXème siècle fut construite, à proximité du Port Saint-Sauveur, sur le Canal du Midi, une vaste Halle aux Grains, bâtisse hexagonale quasi circulaire. A la fin du deuxième conflit mondial, l'édifice, désaffecté, connut des fortunes diverses avant de devenir une salle de concerts, à l'initiative du chef d'orchestre Michel Plasson.

In the early 19th century, near Port Saint-Sauveur, along the Canal du Midi, a huge Halle aux Grains market was built, a six-sided structure that is practically round. At the end of World War II, the building was closed down and enjoyed varying fortunes before it was turned into a concert hall, on the initiative of the orchestra leader Michel Plasson.

Entrée monumentale de la Halle aux Grains.
Monumental entrance of the Halle aux Grains.

La place Saint-Georges, avant de devenir un des lieux de flânerie les plus prisés des Toulousains, fut le théâtre des exécutions capitales nombreuses sous l'Ancien Régime.
Place Saint-Georges, before becoming one of Toulouse's favourite places for lounging about, was the scene of numerous capital executions under the Ancient Regime.

Sur la place Saint-Georges, bordée de terrasses de restaurants et de cafés, se dresse un des hôtels du XVIIIème siècle les plus remarquables de la ville : l'Hôtel Lafage.
In Place Saint-Georges, bordered by the terraces of restaurants and cafés, is one of the city's most remarkable 18th century mansions: Hôtel Lafage.

Dans la rue Boulbonne, a été édifiée en 1982, devant un mur aveugle, une fontaine monumentale. La sculpture en marbre, œuvre de Jacques Labatut, représente la Garonne, en bas, à droite, sortant de l'eau et prenant appui sur une roue à aube. Assise au dessus d'elle, la jeune femme qui personnifie Toulouse tient à la main droite un gouvernail et s'appuie, à gauche, sur le blason de la ville.

In rue Boulbonne, a monumental fountain was built in 1982 in front of a blank wall. The marble sculpture, the work of Jacques Labatut, represents the Garonne, at the bottom right, coming out of the water and leaning on a water wheel. Sitting above her, the young woman who personifies Toulouse is holding a rudder in her right hand and leaning, on the left, on the city's coat of arms.

L'Hôtel Béringuier-Maynier, rue de Languedoc, est connu sous le nom de Hôtel du Vieux-Raisin, du nom de la rue ancienne sur laquelle il s'ouvrait.
Sa cour fut édifiée, au milieu du XVIème siècle, par son propriétaire de l'époque, Jean Burnet, greffier au Parlement. Elle étale la splendeur du style Renaissance et offre à notre admiration des fenêtres délicatement ornées œuvres de Nicolas Bachelier.
The Hôtel Béringuier-Maynier, rue de Languedoc, is known as Hôtel du Vieux-Raisin, the name of the old street into which it used to open out.
The courtyard was built in the mid-16th century by the owner at that time, Jean Burnet, Parliamentary court clerk. It displays the splendour of the Renaissance style, with delicately adorned windows for us to admire, the works of Nicolas Bachelier.

Avant de devenir le siège de la Chambre de Commerce et d'Industrie, l'Hôtel de Fumel ou Hôtel de Ciron était la résidence du Premier Président du Parlement. A la Révolution, il devint le Palais archiépiscopal. Il le resta jusqu'aux lois de séparation des églises et de l'Etat. L'immeuble a subi bien des modifications heureusement réalisées.
Il a conservé le bel ordonnancement des façades du grand siècle.

Before it became the headquarters of the Chamber of Commerce and Industry, the Hôtel de Fumel or Hôtel de Ciron was the residence of the First Parliamentary Chairman. At the time of the Revolution, it became the archiepiscopal palace. It continued to serve that purpose until laws were passed regarding the separation of churches and the State. The building has undergone many successful modifications.
It has kept its attractive array of 17th century façades.

Il reste peu de choses de l'ancien et très important couvent des Augustins. On aperçoit, sur ce cliché, le chevet de l'église et ce qui reste du clocher octogonal décapité par un coup de foudre en 1550.

There is little left of the ancient, very large Augustin convent.
In this picture, we see the apse of the church and what remains of the eight-sided steeple decapitated by a bolt of lightning in 1550.

Pour solenniser l'entrée dans les bâtiments qui abritent le Musée des Augustins, on a transporté la porte de la chapelle des Pénitents Noirs lorsque cette chapelle fut démolie, en même temps que le vétuste quartier Saint-Georges, dans les années 1970.

To solemnise the entrance to the buildings that house the Musée des Augustins, the door of the Pénitents Noirs chapel was transported there when the chapel was demolished, at the same time as the dilapidated Saint-Georges quarter, in the 1970s.

Pour installer le grand musée d'art de la ville, après avoir démoli la plus grande partie des bâtiments du couvent des Augustins, on construisit, à la fin du XIXème siècle, au moment de la percée de la rue d'Alsace-Lorraine, ces lourds bâtiments qui abritent, notamment, la plus somptueuse collection de sculptures romanes au monde.
After most of the buildings of the Augustine convent were demolished, at the end of the 19th century, at the time of the construction of rue d'Alsace-Lorraine, these heavy buildings were put up to house the city's main art museum which includes, in particular, the world's most sumptuous collection of Roman sculptures.

Autre opération d'urbanisme entreprise à la fin du XIXème siècle, le percement de la rue de Languedoc.
Another urban development operation initiated at the end of the 19th century: the construction of Rue de Languedoc.

L'immeuble qui marque la fin de la rue de Languedoc et le début de la rue d'Alsace-Lorraine est typique des constructions de cette époque où les Toulousains, un peu honteux de leurs briques considérées comme le « matériau du pauvre », usèrent de briques pâles dont l'aspect pouvait être comparé à la pierre.
The building which marks the end of Rue de Languedoc and the start of Rue d'Alsace-Lorraine is typical of the constructions of this period, a time at which the people of Toulouse, slightly ashamed of their bricks, considered "poor people's material", used light-coloured bricks that looked similar to stone.

L'Hôtel d'Assézat est, sans conteste, la plus belle demeure que la Renaissance ait laissé dans la ville de Toulouse.
Pierre Assézat fut, de tous les marchands pasteliers, le plus grand, le plus habile, un des plus fortunés, sans doute. Il connut tous les honneurs malgré sa conversion à la religion réformée. La cour somptueuse, qui rappelle celle du Louvre, surmontée de l'élancement d'une tour aux étages en gradins se terminant par l'orgueilleux dôme de la lanterne, cet ensemble constitue un décor unique.

The Hôtel d'Assézat is, indisputably, the most beautiful residence that the Renaissance has left to the city of Toulouse.
Of all the pastel merchants, Pierre Assézat was the greatest, the most cleverest and one of the wealthiest, no doubt. He was bestowed all sorts of honours despite his conversion to the Protestant religion. The magnificent courtyard, reminiscent of the Louvre courtyard, topped by a tiered tower ending in a proud lantern dome, creates a unique décor.

L'Hôtel d'Assézat, quasi ruiné, fut acquis par Théodore Ozenne qui le légua à la Ville, à charge, pour elle, d'y loger et entretenir les six academies et sociétés savantes toulousaines. Celles-ci, groupées en une Union ont un bureau qui ouvre sur la cour d'honneur.
The Hôtel d'Assézat, virtually in ruin, was acquired by Théodore Ozenne who bequeathed it to the City on the condition that the City house and keep Toulouse's six historic, cultural and scientific societies there. The societies, grouped together in a Union, have an office that opens onto the main courtyard.

La loggia, de style florentin constitue la face méridionale de la cour d'honneur de l'Hôtel d'Assézat.
The south side of the Hôtel d'Assézat's main courtyard is a Florentine-style loggia.

Dans les salons prestigieux de l'Hôtel d'Assézat, ont été installées les œuvres d'art réunies par le mécène argentin Georges Bemberg, sous le couvert de la Fondation Bemberg.
The prestigious salons of the Assézat mansion contain the works of art collected by the Argentinean art patron Georges Bemberg, presented by the Bemberg Foundation.

Une élégante coursière ferme le côté oriental de la cour d'honneur de l'Hôtel d'Assézat.
Elegant "coursière" arches close off the eastern side of the Hôtel d'Assézat's main courtyard.

Encore un majestueux immeuble qui se dresse rue Jean Suau.
Another majestic building in rue Jean Suau.

Un édifice plus traditionnel, plus « toulousain » remarqué rue Malbec.
A more traditional, more "Toulouse-style" building seen in rue Malbec.

Le majestueux portail de la basilique Notre-Dame la Daurade (N.D. la Dorée) se dresse sur le quai, face à la Garonne. L'ancienne église dut être démolie à la fin du XVIIIème siècle car elle menaçait ruine sous le poids d'une énorme coupole. Elle abritait une abondance de mosaïques où le fond jaune d'or dominait, d'où l'appellation de « deorata » (dorée). Cette église doit sa célébrité à une vierge noire dont l'origine est inconnue mais qui a toujours été considérée, dans la ville, comme miraculeuse.

The magnificent door of the Notre-Dame la Daurade (N.D. la Dorée) Basilica stands on the quay, facing the Garonne. The old church had to be demolished at the end of 18th century since it was threatening to collapse under the weight of an enormous dome. It used to contain an abundance of mosaics with a predominantly yellow background, from which it got its name "deorata" (golden). The church is famous for a Black Virgin, of unknown origin, which has always been considered in the city as being miraculous.

Le chevet de la basilique Notre-Dame la Daurade est enchâssé dans des immeubles d'habitation.
The apse of the Notre-Dame la Daurade basilica is set in apartment buildings.

Jouxtant l'église Notre-Dame la Daurade, voici l'Ecole des Beaux-Arts transférée en ce lieu au début du XXème siècle.

Adjacent to the Notre-Dame la Daurade church, here is the Ecole des Beaux Arts, transferred here at the beginning of the 20th century.

A l'angle nord de la place de La Daurade, se dresse un ensemble de bâtiments à l'histoire tourmentée. D'abord noviciat des Jésuites (fin du XVIème siècle), racheté par les prêtres de la Congrégation de la Mission, en 1765, il devint, à la Révolution, la Caserne de la Mission.
Ce nom lui est resté, bien qu'à l'heure actuelle ces bâtiments soient occupés par une école (école Lakanal) et divers services municipaux dont l'atelier de confection des costumes du Théatre du Capitole.
On the northern corner of Place de La Daurade, there is a group of buildings with a tormented history. First a Jesuit noviciate (end of the 16th century), taken over by the Congrégation de la Mission priests in 1765, it became, at the time of the Revolution, the "Caserne de la Mission".
That name has stuck, even though the buildings are currently occupied by a school (Lakanal school) and various municipal departments such as the costume workshop of the Théatre du Capitole.

Le Pont-Neuf, la place de La Daurade et la Garonne constituent ensemble un décor harmonieux lorsque vient la nuit.

Pont-Neuf, Place de La Daurade and the Garonne create a harmonious scene at nightfall.

Le Pont Saint-Pierre est le troisième du nom. Le premier fut emporté par l'inondation de 1875 ; le deuxième, vétuste était un pont suspendu ; il avait fini par se fondre dans le décor du fleuve, mais il dut être démoli.
Pont Saint-Pierre is the third bridge of that name. The first one was washed away in the flood of 1875; the second, timeworn, was a hanging bridge; it became a part of the river scenery, but had to be demolished.

La Promenade Henri Martin, qui borde la Garonne entre le Pont-Neuf et le Pont Saint-Pierre, est fréquentée, la nuit, par des amoureux mais aussi, hélas ! par quelques trafiquants indésirables.
The Promenade Henri Martin, which runs along the Garonne between Pont-Neuf and Pont Saint-Pierre, is a place for lovers at night but also, unfortunately, for some undesirable dealers.

La médiathèque est la réalisation la plus récente de la municipalité toulousaine. Cet édifice imposant s'élève sur l'emplacement de l'ancienne Ecole Vétérinaire. Son esthétique est vivement contesté mais son succès populaire est immense et incontestable.
The media library is the most recent construction of the municipality of Toulouse. This imposing edifice rises up on the site of the former School of Veterinary Science. There is an ongoing debate over its aestheticism, but it is a huge, incontestable popular success.

Cette médiathèque a reçu le nom de l'écrivain José Cabanis qui fut le dernier Toulousain membre de l'Académie Française.
The media library was named after the writer José Cabanis who was the last native Toulouse member of the Académie Française.

Voulu par Pierre-Paul Riquet, réalisé en un temps record, sous le règne du Roi-Soleil, le Canal du Midi est une œuvre phénoménale. C'est à juste titre qu'il est classé au patrimoine mondial de l'Humanité. Il traverse Toulouse, formant, au sein de la ville une bienfaisante coulée verte. Certains iconoclastes avaient envisagé, il n'y a pas si longtemps, de le couvrir d'une dalle pour sacrifier au « dieu automobile » !

Requested by Pierre-Paul Riquet, and built in record time, under the Sun-King, the Canal du Midi is a phenomenal work. It is rightfully classified as World Heritage. The canal runs through Toulouse, creating a refreshing flow of greenery through the city. Not long ago, however, certain iconoclasts were toying with the idea of paving it over and sacrificing it to the "automobile god".

La gare de Toulouse Matabiau, construite au temps où les chemins de fer étaient exploités par des compagnies privées est un majestueux bâtiment, bien dans le style de l'architecture de la seconde moitié du XIXème siècle.
The Toulouse Matabiau train station, built at a time when the railroads were run by private companies, is a magnificent building, a distinctive reflection of the architecture of the second half of the 19th century.

Le fronton de cette gare rappelle que l'exploitant était alors la compagnie des « Chemins de fer du Midi ».
The pediment of the train station indicates that the managing company at the time was the "Chemins de fer du Midi".

Toute métropole doit impérativement se doter d'un Palais des Congrès. Celui-ci, qui a pris le nom de Pierre Baudis, maire de la Ville, a été édifié sur les vastes emplacements libérés par la démolition de la caserne Caffarelli.
Every metropolis needs a Convention Centre. This one, named after Pierre Baudis, mayor of the city, was built on the vast sites made available by the demolition of the Caffarelli barracks.

La démolition totale de la caserne Caffarelli et partielle de la caserne Compans, sa voisine, a libéré un immense espace, en pleine ville, dont une grande partie a été utilisée pour créer un agréable jardin de loisirs.
The total demolition of the Caffarelli barracks and partial demolition of its neighbour, the Compans barracks, created a huge space in the middle of the city, a large portion of which was used for a pleasant leisure park.

L'aéroport international de Toulouse est situé dans l'immédiate banlieue, à Blagnac. Desservi par un réseau d'autoroutes performant, il est d'un accès rapide et facile pour les usagers.
The Toulouse international airport is located in the immediate suburbs, in Blagnac. It is served by an efficient network of highways, and users can get there quickly and easily.

Les pistes de cet aéroport jouxtent les usines de l'avionneur Airbus et servent aussi de pistes d'essais pour ces avions. Elles ont connu les premiers envols de Caravelle, de Concorde, des Airbus dont, tout récemment, celui de l'Airbus A 380.
The airport runways are next to the Airbus aircraft manufacturer's plants, and also serve as test runways for the aircraft. They have been used for the first flights of the Caravelle, the Concorde and Airbus aircraft such as, very recently, the Airbus A 380.

Boulevard Lascrosses
138
136
134
Rue de Bayard
Place Saint-Sernin
32
Rue St Bernard
36
Boulevard de Strasbourg
Allée Jean Jaurès
39
Allée de Barcelone
Allée de Brienne
Rue des Lois
Place du Capitole
10
18
Square La Fayette
Boulevard Lazare Carnot
Rue Lorraine
Rue Valade
Rue Pargaminières
Quai Saint-Pierre
56
52
44
28
46
40
20
Rue d'Alsace
Quai Lombard
24
104
Pont Saint-Pierre
31
62
58
128
110
124
Quai de la Daurade
116
Rue de Metz
Rue de Metz
Rue de Metz
108
94
102
66
Pont Neuf
72
Rue de la République
Rue du Languedoc
78
79
107
74
LA
GARONNE
Quai de Tounis
Allée Charles de Fitte
Rue Laganne
Prairie des Filtres
Rue de la Dalbade
86
Grand Rond
Allées Jules Guesde
Allées Jules Guesde

TABLE

Achevé d'imprimer en novembre 2005
sur les presses de l'imprimerie des Deux-Ponts à Bresson

Dépôt légal novembre 2005